Strum & Sing

ROBERT JOHNSON

❧ Lyrics, Chord Symbols and Guitar Chord Frames for 20 Classic Songs ❧

T0065878

Cover photo used by permission of Claud L. Johnson estate

ISBN 978-1-4950-7150-8

HAL•LEONARD®

Visit Hal Leonard Online at
www.halleonard.com

Contact us:
Hal Leonard
7777 West Bluemound Road
Milwaukee, WI 53213
Email: info@halleonard.com

In Europe, contact:
Hal Leonard Europe Limited
42 Wigmore Street
Marylebone, London, W1U 2RN
Email: info@halleonardeurope.com

In Australia, contact:
Hal Leonard Australia Pty. Ltd.
4 Lentara Court
Cheltenham, Victoria, 3192 Australia
Email: info@halleonard.com.au

CONTENTS

Come On in My Kitchen

Words and Music by
Robert Johnson

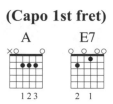

(Capo 1st fret)

Intro |A | | E7

Verse 1

‖A
Mmm, mmm, mmm, mmm, ___
|
Mmm, mmm, mmm, mmm. ___
|
Mmm, mmm, mmm, mmm, ___
|
Mmm, mmm, mmm, mmm. ___
|
You better come on
|
In my kitch - en.
| |
Babe, it's goin' to be rainin' outdoors.
| | |

Verse 2

‖ **A**
Ah, the woman I love
|
Took my best friend.
|
Some joker got lucky,
|
Stole her back again.
|
You better come on
|
In my kitch - en.
| |
Baby, it's goin' to be rainin' outdoors.
| | |

Verse 3

‖ **A**
Oh, ah, she's gone.
|
I know she won't come back.
|
I've taken the last nickel
|
Out of her nation sack.
|
You better come on
|
In my kitch - en.
| | ‖
Babe, it's goin' to be rainin' outdoors.

Bridge

A | | |
Oh, can't you hear the wind howl will 'n' all?
|
Oh, can't you hear that wind would howl?
|
You better come on
|
In my kitch - en.
| |
Baby, it's goin' to be rainin' outdoors.
| | |

Verse 4

‖ **A**
When a woman gets in trouble,

|
Ev'rybody throws her down.

|**E7**
Lookin' for her good friend,

|**A**
None can be found.

|
You better come on

|
In my kitch - en.

| |
Baby, it's goin' to be rainin' outdoors.

| | | |

Verse 5

‖ **A**
Winter time's com - in',

|
Hit's gon' be slow.

|
You can't make the winter, babe,

|
That's dry long so.

|
You better come on

|
In my kitch - en

| |
'Cause it's goin' to be rainin' outdoors.

| | ‖

Last Fair Deal Gone Down

Words and Music by
Robert Johnson

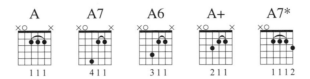

Intro |A | | A7 A6 A+ |A

Verse 1

‖A | | |

It's the last fair deal goin' down.

Last fair deal goin' down.

It's the last fair deal goin' down, good Lord,

A7 A6 A+ |A

On that Gulfport Island Road.

Verse 2

‖A | | |

Eh, Ida Belle, don't cry this time.

Ida Belle, don't cry this time.

If you cry about a nickel, you'll die 'bout a dime.

A7 A6 A+ |A

She wouldn't cry, but the money won't mind.

Verse 3

```
 ‖A      |         |          |
I like y' way you do.
 |        |         |          |
I love the way you do.
 |        |         |          |
I love the way you do, good Lord,
      |         |         |     A7  A6  A+ |A
On this Gulfport Island Road.
```

Verse 4

```
 ‖A           |         |          |
My captain's so mean on me.
  |           |         |          |
My captain's so mean on me.
   |          |         |          |
My captain's so mean on me, good Lord,
      |          |              |     A7  A6  A+ |A
On this Gulfport Island Road.
```

Verse 5

```
 ‖A7*      |         |       |        |
They count, they pick and sing.
           |         |        |
Count, they pick and sing.
      |         |         |        |
Let's count and pick and sing, good Lord,
      |A        |       |     A7  A6  A+ |A
On that Gulfport Island Road.
```

Verse 6

                        ‖**A** | | |
Ah, this last fair deal goin' down.

            | | | |
It's the last fair deal goin' down.

            | | | |
This the last fair deal goin' down, good Lord,

            | | | **A7 A6 A+** |**A**
On this Gulfport Island Road.

Verse 7

                  ‖**A** | | |
I'm workin' my way back home.

            | | | |
I'm workin' my way back home.

            | | | |
I'm workin' my way back home, good Lord,

            | | | **A7 A6 A+** |**A**
On this Gulfport Island Road.

Verse 8

                        ‖**A** | | | |
And that thing don't keep a ringin' so soon.

            | | | | |
That thing don't keep a ringin' so soon.

            | | | |
And that thing don't keep a ringin' so soon, good Lord,

            | | | **A7 A6 A+** |**A**   ‖
On that Gulfed and Port Island Road.

Cross Road Blues
(Crossroads)

Words and Music by
Robert Johnson

(Capo 2nd fret)

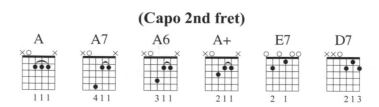

A	A7	A6	A+	E7	D7
1 1 1	4 1 1	3 1 1	2 1 1	2 1	2 1 3

Intro |A | | A7 A6 A+ |A E7

Verse 1
                                         ‖A |

I went to the crossroad,

                                 | | | |

Fell down on my knees.
  |D7 |

I went to the crossroad,

                     |A | |

Fell down on my knees.

                   |E7 |A

Asked the Lord above, "Have mercy.

                  | |

Save poor Bob, if you please."

Verse 2

```
           ‖A                        |
Mmm, standin' at the crossroad,
                      |          |        |        |
I tried to flag a ride.
                        |D7         |
Standin' at the cross - road,
                      |A          |        |
I tried to flag a ride.
              |E7
Didn't no - body seem to know me.
         |A                 |            |
Ev'ry - body pass me by.
```

Verse 3

```
           ‖A                |
Mmm, the sun goin' down, boy.
                       |         |       |
Dark gon' catch me here.
      |D7     |
Ooo eee,
                            |A          |               |
Boy, dark gon' catch me here.
         |E7                        |A
I haven't got no lovin' sweet woman that
                      |         |
Love and feel my care.
```

Verse 4

```
          ‖A              |
You can run, you can run,
                     |          |          |
Tell my friend boy Willie Brown.
         |D7          |
You can run,
                            |A         |          |
Tell my friend boy Willie Brown,
              |E7
Lord, that I'm standin' at the crossroad, babe,
      |A              |          |          |          ‖
I be - lieve I'm sinkin' down.
```

From Four Until Late

Words and Music by
Robert Johnson

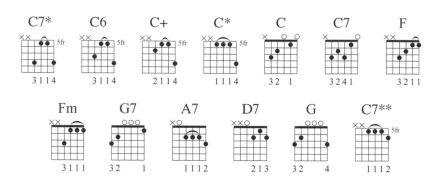

Intro |C7* C6 |C+   C* |C C7 F Fm |G7

Verse 1

     ‖C |F |C | C7
From four until late I was wring - in' my hands and cryin'.
     |F |Fm |C |A7
From four until late I was wringin' my hands and cryin'.
     |D7 |G7 |
I believe to my soul that your daddy's Gulfport bound.
|C C7 F Fm |G7

Verse 2

     ‖C |F |C | C7
From Memphis to Norfolk is a thirty-six hours' ride.
     |F |Fm |C |A7
From Mem - phis to Norfolk is a thirty-six hours' ride.
     |D7 |G G7 |
A man is like a prisoner and he's never satisfied.
|C C7 F Fm |C G7

Verse 3

```
             ‖ C
A woman is like a dresser,
          | F                          | C           |    C7
Some man always ramblin' through its drawers.
          | F
A woman is like a dresser,
          | Fm                      | C           | A7
Some man's always ramblin' through its drawers.
          | D7                | G7           | C   C7   F   Fm | C   G7
It cause so many men wear an apron over - hall.
```

Verse 4

```
             ‖ C
From four until late,
             | F              | C           |    C7
She get with a no good bunch and clown.
          | F
From four until late,
             | Fm              | C           | A7
She get with a no good bunch and clown.
             | D7
Now, she won't do nothin'
                | G                      | C   C7   F   Fm | C   G7
But tear a good man reputation down.
```

Verse 5

```
             ‖ C
When I leave this town,
             | F           | C           |    C7
I'm gon' bid you fare, fare - well.
             | F
And when I leave this town,
             |              | C           | A7
I'm gon' bid you fare, fare - well.
             | D7
And when I re - turn again,
                | G7              | C   C7   F   Fm | G7        |
You'll have a great long story to tell.
| C7*   C6   C+ | C*   C7**        ‖
```

Hell Hound on My Trail

Words and Music by
Robert Johnson

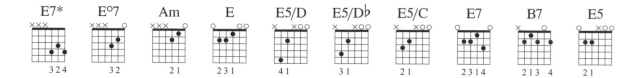

E7*	E°7	Am	E	E5/D	E5/D♭	E5/C	E7	B7	E5

Intro

|E7*   E°7 |Am |
|E   E5/D   E5/D♭ E5/C |E7

Verse 1

‖ **E**
I got to keep movin',

|**B7** |
I got to keep movin',

       E |
Blues fallin' down like hail.

E5/D E5/D♭ E5/C |**E7** |
Blues   fallin' down like hail.

  |**E** | |
Mmm,   blues fallin' down like hail.

E5/D E5/D♭ E5/C |**E5 E5/D E5/D♭ E5/C** |**E7**
Blues   fallin' down like hail.

  |**B7** |
And the day, it keeps on wor'y'n' me.

       |**E**
It's a hell hound on my trail,

E5/D   **E5/D♭ E5/C** |**E5   E5/D**
Hell hound on my   trail,

E5/D♭   **E5/C** |**E5   E7** |
Hell hound on my trail.

Verse 2

‖ **E**
If to - day was Christmas Eve,

| **B7** |
If today was Christmas Eve,

| **E   E5/D   E5/D♭ E5/C** | **E7** |
And tomorrow was Christmas Day.

| **E** |
If to - day was Christmas Eve,

E5/D   E5/D♭ E5/C | **E5   E5/D**
And tomorrow was Christmas Day.

E5/D♭   E5/C | **E7**
Aow, wouldn't we have a time, baby?

| **B7**
All I would need my little sweet rider

| | **E**
Just   to pass the time a - way.

E5/D   E5/D♭   E5/C | **E5**
Huh,   huh, _____

   E5/D   E5/D♭   E5/C | **E   E7** |
To pass the time away.

Verse 3

‖ **E** |
You sprinkled hot foot powder,

|
Mmm, around my door,

   E5/D   E5/D♭   E5/C | **E   E7** |
All around my door.

| **E** |
You sprinkled hot foot powder

|
All around your daddy's door.

E5/D E5/D♭ E5/C | **E   E7** |
Hmm, hmm, hmm.

| **B7** |
It keep me with a ramblin' mind, rider,

| **E**
Ev'ry old place I go,

   E5/D   E5/D♭   E5/C | **E5**
Ev'ry old place I go.

E5/D   E5/D♭   E5/C | **E7**

Verse 4

```
       ‖ E                    | B7
I can tell the wind is risin',
                              | E
The leaves tremblin' on the tree,
                   | E5/D  E5/Db E5/C | E    E7    |
Tremblin' on the tree.
       | E                    |
I can tell the wind is risin',
                          |
Leaves tremblin' on the tree.
E5/D  E5/Db  E5/C  | E    E7
Hmm,  hmm,   hmm.
     | B7                     |
All I need's my little sweet woman
                          | E
And to keep my company.
E5/D  E5/Db  E5/C    | E5   E5/D  E5/Db
Hmm,  hmm,   hey,  hey.
     E5/C    | E    E7   |          ‖
My company.
```

I Believe I'll Dust My Broom

Words and Music by
Robert Johnson

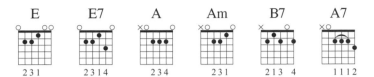

Intro

|E E7 A Am |E B7

Verse 1

‖**E7** |
I'm gon' get up in the mornin',
        | |
I be - lieve I'll dust my broom.
        |**A7** |
I'm gon' get up in the mornin',
                              |**E7** |
I believe I'll dust my broom.
                        |**B7** |**A7**
Girlfriend, the black man you've been lovin'
                              |
Girlfriend, can get my room.
|E E7 A Am |E B7

Verse 2

‖**E7** |
I'm gon' write a letter,
        | |
Telephone ev'ry town I know.
        |**A7** |
I'm gon' write a letter,
                        |**E7**
Telephone ev'ry town I know.
        |**B7**
If I can't find her in West Helena,
    |**A7** |
She must be in East Monroe, I know.
|E E7 A Am |E B7

Verse 3

       ‖**E7**
I don't want no woman

       | | |
Wants ev'ry downtown man she meet.

      |**A7**
I don't want no woman

      | |**E7** |
Wants ev'ry downtown man she meet.

           |**B7**
She's a no good doney,

    |**A7** |
They shouldn't allow her on the street.
|**E** **E7** **A** **Am** |**E** **B7**

Verse 4

       ‖**E7** |
I be - lieve,

      | | | |
I be - lieve I'll go back home.

    |**A7**
I be - lieve,

    | |**E7** |
I be - lieve I'll go back home.

           |**B7** |**A7**
You can mistreat me here, babe,

                   |
But you can't when I go home.
|**E** **E7** **A** **Am** |**E** **B7**

Verse 5

                          ‖**E7** |
And I'm gettin' up in the mornin',

                    | |
I be - lieve I'll dust my broom.

                  |**A7** |
I'm gettin' up in the mornin',

                                |**E7** |
I believe I'll dust my broom.

                        |**B7** |**A7**
Girlfriend, the black man you've been lovin'

                              |
Girlfriend, can get my room.
|**E7**   **A7** | **B7**   ‖

Verse 6

E7 |
  I'm gon' call up Chiney,

                  | |
See is my good girl over there.

                |**A7**
I'm gonna call up China,

            | |**E7** |
See is my good girl over there.

                    |**B7**
If I can't find her on Philippine's Island,

      |**A7** |
She must be in Ethiopia somewhere.
|**E** **E7** **A** **Am** |**E**   **E7**   ‖

I'm a Steady Rollin' Man
(Steady Rollin' Man)

Words and Music by
Robert Johnson

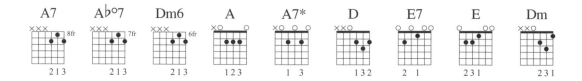

Intro | A7   A°7 | Dm6 | A   A7*   D | E7

Verse 1
‖ A |
I'm a steady rollin' man;

                              | |
I roll both night and day.

                    | D |
I'm a steady rollin' man; hmm,

                                        | A |
Hmm, I roll both night and day.

                    | E | D
But I haven't got no sweet woman, hmm, boys

                                        | A |
To be rollin' this a way.

Verse 2
                              ‖ A |
I'm the man that rolls

                                        | |
When icicles is hangin' on the tree.

                    | D |
I'm the man that roll

                                        | A |
When icicles is hangin' on the tree.

                    | E | D
And now you hear me howlin', baby, hmm,

                                        | A |
Down on my bended knee.

Verse 3

      ‖A
I'm a hard workin' man,

            | |
Have been for many years, I know.
    |D |
I'm a hard workin' man,

              |A |
Have been for many long years, I know.
       |E |D
And some cream puff' usin' my money, ooh, well babe,
           |A |
But that'll never be no more.

      ‖A |

Verse 4

You can't give your sweet woman

              | |
Ev'rything she wants in one time.
   |D |
Ooh, hoo, you can't give your sweet woman

             |A |
Ev'rything she wants in one time.
     |E
Well boys, she get ramblin' in her brain,
    |D |A |
Hmm, some monkey man on her mind.

      ‖A |

Verse 5

I'm a stead - y rollin' man;

          | |
I roll both night and day.
   |D |
I'm a steady rollin' man,

           |A |
And I roll both night and day.
   |E |D
Well, I don't have no sweet woman, hmm, boys,
         |A | E |
To be rollin' this a way.
|A A7*   D Dm |E   A7* ‖

Kind Hearted Woman Blues

Words and Music by
Robert Johnson

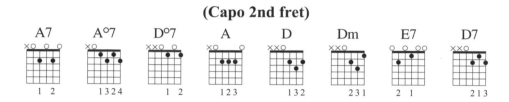

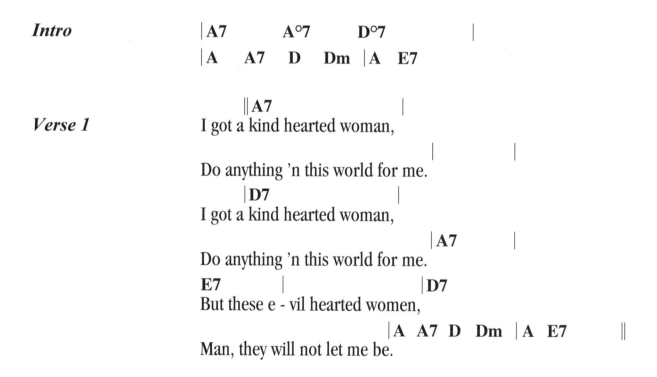

Intro

     |A7   A°7   D°7 |

     |A   A7   D   Dm |A E7

Verse 1

               ‖A7 |

I got a kind hearted woman,

                                         | |

Do anything 'n this world for me.

       |D7 |

I got a kind hearted woman,

                           |A7 |

Do anything 'n this world for me.

E7 | |D7

But these e - vil hearted women,

                   |A A7 D Dm |A E7   ‖

Man, they will not let me be.

Verse 2

A7 |
    I love my baby.

                | |
My baby don't love me.
        |D7 |
I love my baby, oo.
                     |A7
My baby don't love me.
      |E7 |D7
I really love that woman,
                   |A A7 D Dm |A E7 ||
Can't stand to leave her be.

Bridge

A7 |A°7
Ain't but one thing makes Mister Johnson drink.
  |A7   A°7 |
I's worried 'bout how you treat me, baby.
A7 A°7 A7 |D7
I be - gin to think. Oh, babe,
  | |A7 |
My life don't feel the same.
  |E7 |D7
You breaks my heart when you call
                |A A7 D Dm |A E7 ||
Mister So-and-So's name.

Guitar Solo

|A7 | | |
|D7 | |A7 |E7 |
|D7 |A A7 D Dm |A   E7

Verse 3

        ||A7 |
She's a kind hearted woman,
             | |
She studies evil all the time.
  |D7 |
She's a kind hearted woman,
                |A7 | |E7
She studies evil all the time.
           | D7
You well's to kill me,
            |A A7 D Dm |E7   A7 ||
As to have it on your mind.

Little Queen of Spades

Words and Music by
Robert Johnson

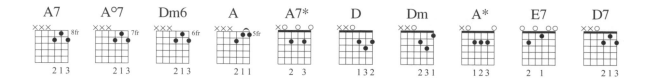

Intro |A7   A°7 |Dm6 |A   A7*   D   Dm |A*   E7

Verse 1

‖A7 |A°7
Now, she is a little queen of spades
                                        |A7   A°7 Dm6 |A   Dm6 A°7
And the men will not let her be.
A7* |D7 | |
Mmm, mmm, she is a little queen of spades
                                        |A7* |
And the men will not let her be.
   |E7 |D7
Ev'ry - time she makes a spread, hoo, fair brown
                                        |A* A7* D   Dm |A*   E7   ‖
Cold chill just runs all over me.

Verse 2

A7 |A°7
   I'm gon' get me a gamblin' woman
                                        |A7   A°7 Dm6 |A   Dm6 A°7
If the last thing that I do.
A7 |D7 |
Eee,   hee, gon' get me a gamblin' woman
                                        |A7* |
If it's the last thing that I do.
   |E7 |D7
Well, a man don't need a woman, hoo, fair brown,
                                        |A* A7* D   Dm |A7*   E7
That he got to give all his money to.

Verse 3

```
       ‖A7                    | A°7
Ev'ry - body say she got a mojo,
                           |A7      A°7  Dm6 |A   Dm6  A°7
Now she's been usin' that stuff.
A7*  |D7                            |
Mmm, mmm, ev'rybody says she's got a mojo
                           |A7*           |
'Cause she been usin' that stuff.
        |E7                    |D7
But she got a way trimmin' down, hoo, fair brown,
                           |A*  A7*  D    Dm  |A*  E7
And I mean it's most too tough.
```

Verse 4

```
       ‖A7                    |A°7
Now, little girl, since I'm the king,
                           |A7      A°7  Dm6 |A  Dm6  A°7
Baby, and you is a queen.
A7*       |D7                    |
Ooo, hoo, eee, since I am the king,
                           |A7*           |
Baby, and you is a queen.
         |E7                    |D7
Let's us put our heads together, hoo, fair brown,
                           |A*  A7*  D  Dm    |E7      A7*    ‖
Then we can make our money green.
```

Love in Vain Blues

Words and Music by
Robert Johnson

(Capo 1st fret)

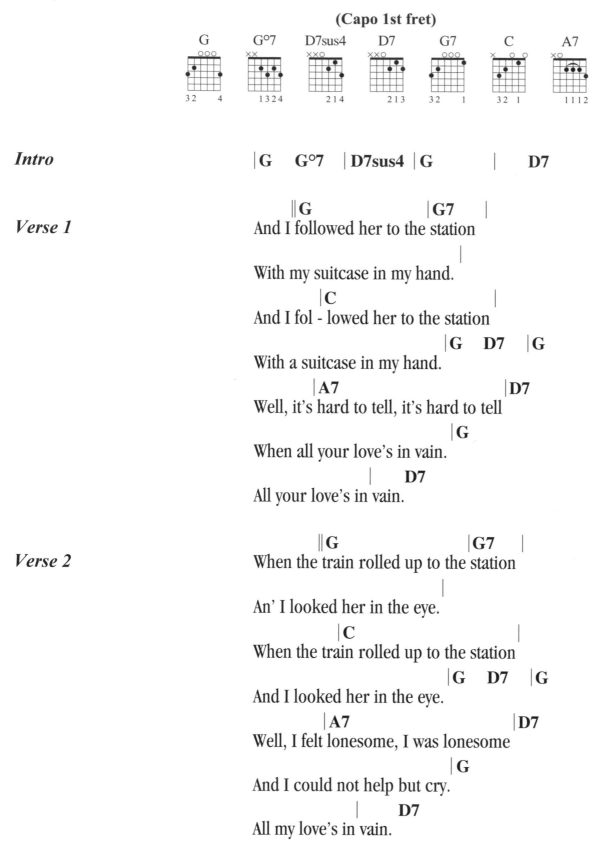

G G°7 D7sus4 D7 G7 C A7

Intro |G G°7 |D7sus4 |G | D7

Verse 1

‖G |G7 |
And I followed her to the station
                               |
With my suitcase in my hand.
        |C |
And I fol - lowed her to the station
                    |G D7 |G
With a suitcase in my hand.
        |A7 |D7
Well, it's hard to tell, it's hard to tell
                    |G
When all your love's in vain.
              | D7
All your love's in vain.

Verse 2

‖G |G7 |
When the train rolled up to the station
                               |
An' I looked her in the eye.
        |C |
When the train rolled up to the station
                    |G D7 |G
And I looked her in the eye.
        |A7 |D7
Well, I felt lonesome, I was lonesome
                    |G
And I could not help but cry.
              | D7
All my love's in vain.

Verse 3

    ‖**G** |**G7** |
When the train, it left the station

          |
With two lights on behind.

     |**C** |
When the train, it left the station

           |**G** **D7** |**G**
With two lights on behind.

    |**A7** |**D7**
Well, the blue light was my blues

           |**G**
And the red light was my mind.

        | **D7**
All my love's in vain.

Verse 4

    ‖**G** |**G7**
Ou, ____ hou,

        | |
Hoo, Willie Mae.

  |**C** |
Oh, oh, hey,

        |**G** **D7** |**G**
Hoo, Willie Mae.

  |**A7** |**D7**
Ou, ou, ou, ou,

        |**G**
Hee, vee, oh, woe.

        | **D7** |**G**   ‖
All my love's in vain.

Me and the Devil Blues

Words and Music by
Robert Johnson

(Capo 1st fret)

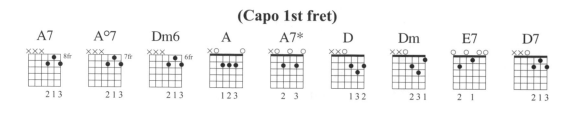

Intro |A7   A°7 |Dm6 |A A7* D Dm |A E7 ||

Verse 1

    A7 |
     Early this mornin'

                 A°7 |**A7**   **A°7** |**A7 A°7 A7**
When you knocked on my door,

          |**D7** |
Early this mornin', ooh,

               |**A7*** |
When you knocked upon my door,

     |**E7** |**D7**
And I said, "Hello, Satan.

               |**A A7* D Dm** |**A E7** ||
I believe it's time to go."

Verse 2

|**A7**   **A°7** | **A7**
     Me and the devil

              A°7 |**A7**   **A°7** |**A7 A°7 A7**
Was walkin' side-by-side.

        |**D7** |
Me and the devil, ooh,

              |**A7*** |
Was walkin' side-by-side.

     |**E7** |**D7**
And I'm goin' to beat my woman

           |**A A7* D Dm** |**A E7**
Until I get satisfied.

Verse 3

     ‖**A7**   **A°7** │ **A7**
She say, "You don't see why

            A°7 │ **A7**
That you will dog me 'round."

                          A°7 │ **A7 A°7 A7**
Aw, babe, you know you ain't doin' me right, don't cha?"

      │**D7**   │
She say, "You don't see why, ooh,

         │**A7***   │   │ **E7**
That you will dog me 'round."

         │**D7**
It must a be that old evil spirit

           │**A A7* D Dm** │ **A E7**
So deep down in the ground.

Verse 4

     ‖**A7**   **A°7** │ **A7**
You may bury my body

          A°7 │ **A7**
Down by the highway side.

Babe, I don't care where you bury my body

     A°7   │**A7 A°7 A7**
When I'm dead and gone.

      │**D7**   │
You may bury my body, ooh,

         │**A7***   │
Down by the highway side

      │**E7**   │ **D7**
So my old evil spirit

          │**A A7 D** │ **Dm** │**E7** **A** ‖
Can catch a Greyhound bus and ride.

Ramblin' on My Mind

Words and Music by
Robert Johnson

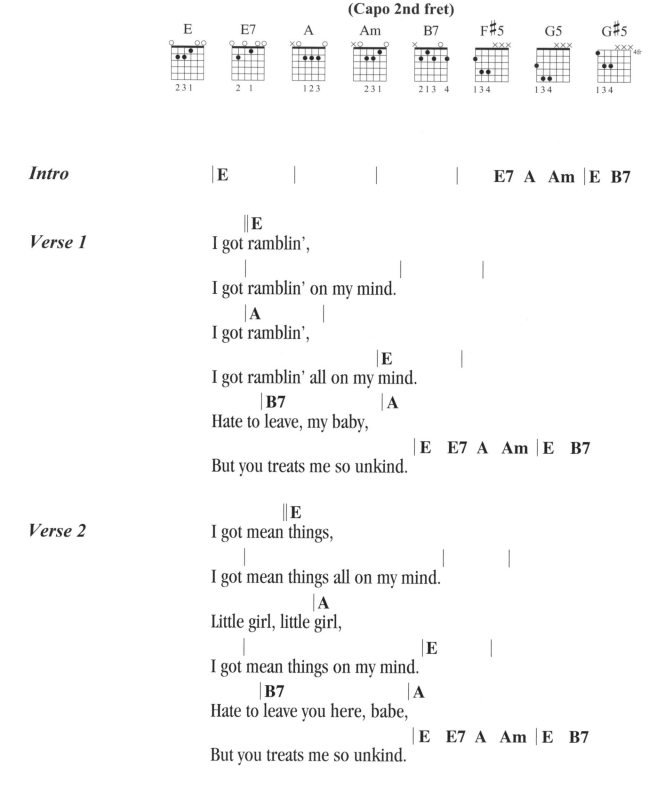

(Capo 2nd fret)

E   E7   A   Am   B7   F♯5   G5   G♯5

Intro |E | | | E7 A Am |E B7

Verse 1

‖E
I got ramblin',

| | |
I got ramblin' on my mind.

|A |
I got ramblin',

|E |
I got ramblin' all on my mind.

|B7 |A
Hate to leave, my baby,

|E E7 A Am |E B7
But you treats me so unkind.

Verse 2

‖E
I got mean things,

| | |
I got mean things all on my mind.

|A
Little girl, little girl,

| |E |
I got mean things on my mind.

|B7 |A
Hate to leave you here, babe,

|E E7 A Am |E B7
But you treats me so unkind.

Verse 3

‖ **E** |
Runnin' down to the station,

| |
Catch the first mail train I see.

| | **F♯5 G5**
I think I hear it comin' now.
G♯5 | **A** |
Runnin' down to the station,

| **E** |
Catch that old first mail train I see.

| **B7**
I got the blues 'bout Miss So-and-So,

| **A** | **E E7 A Am** | **E B7**
And the child got the blues about me.

‖ **E** |
And I'm leavin' this mornin'

| | **F♯5 G5 E** | |
With my arm 'fold' up and cry'n'.

| **A**
And I'm leavin' this mornin'

| | **E** |
With my arm 'fold' up and cry'n'.

| **B7**
I hate to leave my baby,

| **A** | **E E7 A Am** | **E B7**
But she treats me so unkind.

‖ **E** |
I got mean things,

| | | | |
I've got mean things on my mind.

| **A**
I got mean things,

| | **E** |
I got mean things all on my mind.

| **B7**
I got to leave my baby.

| **A** | **E E7 A Am** | **E B7 E** ‖
Well, she treats me so unkind.

Verse 4

Verse 5

Stones in My Passway

Words and Music by
Robert Johnson

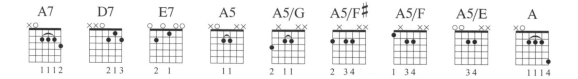

Intro |A7 | |

Verse 1
‖A7 |
I got stones in my passway,

          | |
And my road seem dark as night.
          |D7 |
I got stones in my passway,

                    |A7 |
And my road seem dark as night.
          |E7   N.C.
I have pains in my heart.

          | |A7 |
They have taken my appetite.

Verse 2
          ‖A7 |
I have a bird to whistle

                    | |
And I have a bird to sing.
          |D7 |
Have a bird to whistle

                    |A7 |
And I have a bird to sing.
          |E7   N.C.
I got a woman that I'm lovin',

          | |A7 |
Boy, but she don't mean a thing.

Verse 3

        ‖**A7** |

My enemies have betrayed me,

               | |

Have overtaken poor Bob at last.

     |**D7** |

My ene - mies have betrayed me,

               |**A7** |

Have overtaken poor Bob at last.

      |**E7**   **N.C.**

An' 'ere's one thing certainly,

 | |**A7** |

They have stones all in my pass.

Bridge

        ‖**A7** |

Now you tryin' to take my life,

        |

And all my lovin' too.

You laid a passway for me.

 |

Now, what are you trying to do?

      |**D7** |

I'm cryin', please,

       |**A7** |

Please let us be friends.

      |**E7**   **N.C.**

And when you hear me howlin' in my passway, rider,

         |**A7** |

Please open your door and let me in.

Verse 4

    ‖**A7** |

I got three legs to truck home.

              | |

Boys, please don't block my road.

  |**D7** |

I got three legs to truck home.

             |**A7** |

Boys, please don't block my road.

    |**E7**   **N.C.** |

I've been feelin' ashamed 'bout my rider.

           |

Babe, I'm booked and I got to go.

|**A5 A5/G A5/F♯ A5/F** |**A5/E A** | ‖

Sweet Home Chicago

Words and Music by
Robert Johnson

(Capo 2nd fret)

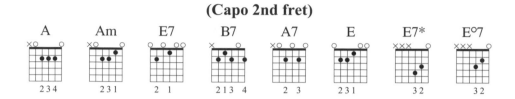

Intro   N.C.(E) ‖A   Am |E7 B7

Verse 1
       ‖E7 |A7 |E7 |
Oh, _____ baby don't you want to go?
       |A7 | |E7 |
Oh, _____ baby don't you want to go
              |B7
Back to the land of California,
       |A7 |E E7* E°7 Am |E B7
To my sweet home,   Chicago?

Verse 2   *Repeat Verse 1*

Verse 3
       ‖E7 |
Now, one and one is two.
                  |
Two and two is four.

I'm heavy loaded, baby,
       |
I'm booked, I gotta go.
       |A7 | |E7 |
Cryin', baby, honey don't you want to go
              |B7
Back to the land of California,
       |A7 |E E7* E°7 Am |E B7
To my sweet home, Chicago?

Verse 4

‖**E7** |

Now, two and two is four.

Four and two is six.

|

You gon' keep on monkey'n 'round here friend boy,

|

Gon' get your   business all in a trick.

|**A7** | |**E7** |

But I'm cryin', baby, honey don't want to go

|**B7**

Back to the land of California,

|**A7** |**E**   **E7*** **E°7** **Am** |**E**   **B7**

To my sweet home,   Chicago?

Verse 5

‖**E7** |

Now, six and two is eight.

|

Eight and two is ten.

Friend boy, she trick you one time,

|

She sure gon' do it again.

|**A7** | |**E7** |

But I'm cryin', hey, hey, baby don't you want to go

|**B7**

To the land of California,

|**A7** |**E** **E7*** **E°7** **Am** |**E** **B7**

To my sweet home,   Chicago?

Verse 6

‖**E7**

I'm goin' to California.

| |

From there to Des Moines, I 'way.

|

Somebody will tell me that you need my help someday.

|**A7** | |**E7** |

Cryin', hey, hey, baby don't you want to go

|**B7**

Back to the land of California,

|**A7** |**E** **E7** **A** **Am** |**E**   **E7**   ‖

To my sweet home,   Chicago?

Terraplane Blues

Words and Music by
Robert Johnson

(Capo 2nd fret)

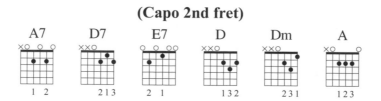

Intro |**A7** | |

Verse 1   ‖**A7** |
     And I feel so lonesome,

             | |
     You hear me when I moan.

     |**D7** |
     When I feel so lonesome,

             |**A7** |
     You hear me when I moan.

      |**E7**   N.C.
     Who been drivin' my Terraplane

     | |**A7** |
     For you since I been gone?

Verse 2

‖**A7** |
I'd said I flash your lights, mama.

Your horn won't even blow.
          | |
Some - body's been runnin' my batteries down on this machine.
          |**D7**
I even flash my lights, mama.
                                        |**A7** |
This horn won't even blow.
          |**E7**   **N.C.**
Got a short in this connection.
          | |**A7** |
Hoo, well, babe, it's way down below.

Verse 3

          ‖**A7** |
I'm 'gon heist your hood, mama.
                              | |
I'm bound to check your oil.
          |**D7** |
I'm 'gon heist your hood, mama.
                                        |**A7** |
I'm bound to check your oil.
          |**E7**   **N.C.**
I got a woman that I'm lovin'
          | |**A7** |
Way ___ down in Arkansas.

Bridge

                              ‖**A7**
Now, you know the coils ain't even buzzin'.
              | |
Little generator won't get the spark.

Motor's in a bad condition.
                        |
You gotta have these batt'ries charged.
                              |**D7** |
But I'm cryin', please, ___
                              |**A7** |
Please don't do me wrong.
          |**E7**   **N.C.**
Who been drivin' my Terraplane now for
          |**A7** |
You since I been gone?

Verse 4

‖**A7** |
Mister Highwayman,

| |
Please don't block the road.

|**D7** |
Puh, hee, hee,

|**A7** |
Please don't block the road.

|**E7** N.C.
'Cause she registerin' a cold one hundred

| |**A7** | |
And I'm booked and I got to go.

Verse 5

‖**A7** |
Mmm, mmm.

| |
Mmm, mmm.

|**D7** |
You, ___

|**A7** |
You hear me weep and moan.

|**E7** N.C.
Who been drivin' my Terraplane now for

|**A7** | |
You since I been gone?

Verse 6

‖**A7** |
I'm gon' get deep down in this connection,

| |
Keep on tanglin' with your wires.

|**D7** |
I'm gon' get deep down in this connection,

|**A7** |
Well, keep on tanglin' with these wires.

|**E7** N.C.
And when I mash down on your little starter,

| | **A7 D Dm** |**A** ‖
Then your spark plug will give me fire.

They're Red Hot

Words and Music by
Robert Johnson

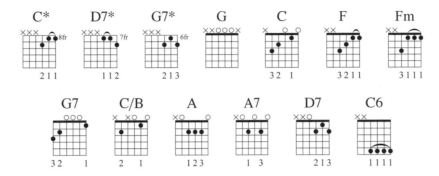

Intro

|C*   D7* G7*|G   C* F   Fm |G7 ||

Verse 1

  C   C/B   A A7 |
Hot ta - males and they red hot,
D7   G7   C |
Yes, she got 'em for sale.
          C/B   A A7 |
Hot ta - males and they red hot,
D7   G7 |C
Yes, she got 'em for sale.

I got a girl, said she long and tall,
 |F   Fm |C
She sleeps in the kitchen with her feets in the hall.
     C/B   A A7 |D7
Hot ta - males and they red hot,
       G7   C |D7
Yes, she got 'em for sale, I mean,
       G7   C ||
Yes, she got 'em for sale, yeah.

Verse 2

```
       C         C/B           A    A7  |
     Hot ta - males and they red hot,
D7     G7          C        |
Yes, she got 'em for sale.
         C/B            A    A7   |
Hot ta - males and they red hot,
D7                  G7
Yes, she got 'em for sale.
       |C                              |
She got two for a nickel, got four for a dime.
F                       Fm              |C
Would sell you more, but they ain't none of mine.
       C/B            A    A7 |D7
Hot ta - males and they red hot,
    G7        C            |D7
Yes, she got 'em for sale, I mean,
    G7        C              ‖
Yes, she got 'em for sale, yes, yes.
```

Verse 3

```
C         C/B           A    A7  |
  Hot ta - males and they red hot,
D7     G7      C        |
Yes, she got 'em for sale.
       C/B            A    A7   |
Hot ta - males and they red hot,
D7                G7      |C
Yes, she got 'em for sale.


I got a letter from a girl in the room,
        |F                        Fm              |C
Now, she got something good she got to bring home soon, now.
       C/B         A    A7 |D7
Hot ta - males and they red hot,
    G7        C            |D7
Yes, she got 'em for sale, I mean,
    G7        C            ‖
Yes, she got 'em for sale, yeah,
```

Verse 4

```
   C       C/B           A   A7  |
      Hot ta - males and they red hot,
   D7      G7            C          |
   Yes, she got 'em for sale.
           C/B           A   A7  |
   Hot ta - males and they red hot,
   D7                    G7                    |
   Yes, she got 'em for sale. They're too hot, boy.
      | C                                      |
   The billy goat back in the bumblebee nest.
   F                     Fm             | C
   Ever since that, he can't take his rest, yeah.
           C/B           A   A7 | D7
   Hot ta - males and they red hot,
           G7        C          | D7
   Yeah, you got 'em for sale, I mean,
           G7        C          ‖
   Yes, she got 'em for sale.
```

Verse 5

```
   C       C/B           A   A7  |
      Hot ta - males and they red hot,
   D7      G7            C
   Yes, she got 'em for sale.
                                  |
   Man, don't mess around with them hot tamales, now.
   C/B             A         A7 | D7                          G7
   'Cause they're too black bad. ___ Mess around them hot tamales,
          | C
   I'm gonna upset your backbone, put your kidneys to sleep,
          | F                             Fm
   I'll due to break 'way your liver and dare your heart to beat
          | C       C/B             A   A7 | D7
   'Bout my    hot ta - males, 'cause they're red hot,
           G7        C          | D7
   Yes, they got 'em for sale, I mean,
           G7        C              ‖
   Yes, she got 'em for sale, yeah.
```

Verse 6

```
C         C/B            A   A7  |
   Hot ta - males and they red hot,
D7    G7            C        |
Yes, she got 'em for sale.
        C/B            A   A7  |
Hot ta - males and they red hot,
D7                G7
Yes, she got 'em for sale.
         | C
You know, Grandma laughs around Grandpa, too.
        | F                      Fm            | C
Well, I wonder what in the world we children gon' do, now.
        C/B         A   A7 | D7
Hot ta - males and they red hot,
        G7        C           | D7
Yeah, you got 'em for sale, I mean,
        G7        C        ‖
Yes, she got 'em for sale.
```

Verse 7

```
C         C/B            A   A7  |
   Hot ta - males and they red hot,
D7    G7        C           |
Yes, she got 'em for sale.
        C/B            A   A7   |
Hot ta - males and they red hot,
D7                G7        |
Yes, she got 'em for sale.
C
Me and my babe bought a V8 Ford,
        | F                    Fm              | C
Well, we wind that thing all on the runnin' board, yeah.
        C/B        A   A7 | D7
Hot ta - males and they red hot,
        G7        C           | D7
Yes, she got 'em for sale, I mean,
        G7        C          ‖
Yes, she got 'em for sale, oh yeah.
```

Verse 8

```
C          C/B              A   A7  |
  Hot ta - males and they red hot,
D7     G7          C                      |
Yes, she got 'em for sale. It's too hot, boy.
          C/B              A   A7  |
Hot ta - males and they red hot,
D7                  G7
Yes, she got 'em for sale.
               | C
You know the monkey, now, the baboon playin' in the grass.
          | F                             Fm          | C
Well, the monkey stuck his finger in the old "Good Gulf Gas," now.
          C/B         A   A7 | D7
Hot ta - males and they red hot,
          G7        C              | D7
Yes, she got 'em for sale, I mean,
          G7         C              ||
Yes, she got 'em for sale, yeah.
```

Verse 9

```
C          C/B              A   A7  |
  Hot ta - males and they red hot,
D7     G7          C            |
Yes, she got 'em for sale.
          C/B              A   A7   |
Hot ta - males and they red hot,
D7                        G7        |
Yeah, she got 'em for sale.
C
I got a girl, said she's long and tall,
          | F                             Fm          | C
Now, she sleeps in the kitchen with her feets in the hall, yes.
          C/B         A   A7 | D7
Hot ta - males and they red hot,
          G7        C              | D7
Yes, she got 'em for sale, I mean,
          G7         C       C6   ||
Yes, she got 'em for sale, yeah.
```

Traveling Riverside Blues

Words and Music by
Robert Johnson

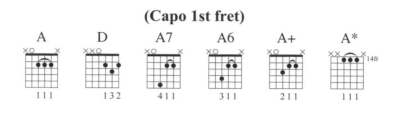

(Capo 1st fret)

Intro

|A | | |

Verse 1

‖D |
If your man get personal,

                    |A | |
Want you to have your fun.

        |D |
If your man get personal,

                    |A | |
Want you to have your fun,

            |D
Just come on back to Friars Point, mama,

        | |A | | |
And barrelhouse all night long.

Verse 2

        ‖A |
I got womans in Vicksburg,

                        | | |
Clean on into Tennessee.

        | |
I got womans in Vicksburg,

                        | | |
Clean on into Tennessee.

            |D |
But my Friars Point rider, now,

            |A | |
Hops all over me.

Verse 3

‖**A**

I ain't gon' to state no color,

| | | |

But her front teeth crowned with gold.

|

I ain't gon' to state no color,

| | | |

But her front teeth is crowned with gold.

|**D**

She got a mortgage on my body, now,

| |**A** | | |

And a   lien on my soul.

Verse 4

‖**A**

Lord, I'm goin' to Rosedale,

| | | |

Gonna take my   rider by my side.

|

Lord, I'm goin' to Rosedale,

| | | |

Gon' take my   rider by my side.

|**D**

We can still barrelhouse, baby,

| |**A** | | |

'Cause it's   on the riverside.

Verse 5

‖**A**

Now, you can squeeze my lemon

| |

'Til the juice run down my…

|

'Til the juice run down my leg, baby.

|

You know what I'm talkin' 'bout.

|

You can squeeze my lemon

| |

'Til the juice run down my leg.

| |

That's what I'm talkin' 'bout, now.

|**D**

But I'm goin' back to Friar's Point,

| | **A7** |**A6** **A+** |**A**   **A*** ‖

If I be rockin' to my head.

Walkin' Blues

Words and Music by
Robert Johnson

(Capo 2nd fret)

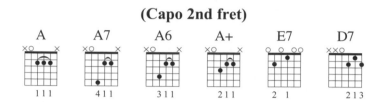

Intro

‖A | A7 A6 A+ |A E7

Verse 1

‖A | |
I woke up this mornin', feelin' 'round for my shoes.

|
Know 'bout at I got these   old walkin' blues.

|D7 | |A |
Woke   up this mornin',   feelin' 'round oh, for my shoes.

|D7 |E7   D7 |A |
But you know 'bout that I   got these old walkin' blues.

Verse 2

‖A | |
Lord, I feel like blowin' my   old lonesome horn.

|
Got up this mornin', my little Ber - nice was gone.

|D7 | |A |
Lord,   I feel like   blowin' my lonesome horn.

|D7 |E7   D7 |A |
Well, I got up this mornin'   woh, all I had was gone.

Verse 3

‖**A**　　　　　　　　　　　　　　|　　　　　　　　　　|
Well, ah,　leave this morn' if I have to,　woh, ride the blind.

　　　　　　　　　　　　　　|
I've feel mistreated and I　don't mind dyin'.

　　　　|**D7**　　　　|　　　　　　　　　|**A**　　　　|
Leavin' this morn', ah,　I have to ride a blind.

　　　|**E7**　　　　　　|**D7**　　　　　　　　|**A**　　　|
Babe, I been mistreated, ba - by, and I don't mind dyin'.

Verse 4

‖**A**　　　　　　　　　　　　　　　　|　　　　　　　|
Well,　some people tell me that the worried　blues ain't bad.

　　　　　　　　　　　　　　|
Worst old feelin' I most　ever had.

　　|**D7**　　　　　　　　　　　|　　　　　　　　　|**A**　　　　|
Some　people tell me that these　old worried blues ain't bad.

　　　|**E7**　　　　|**D7**　　　　|**A**　　　　|
It's the worst old feelin'　I most ever had.

Verse 5

‖**A**　　　　　　　　　　　　|　　　　　　|
She got a　Elgin movement from her head down　to her toes.

　　　　　　　　　|　　　　　　|**D7**
Break in on a dollar most any - where she goes.

　　|　　　　　　　　　　|**A**　　　|
Ooo,　to her head down to her toes.　*Oh, honey.*

　　|**E7**　　　　　|**D7**　　　　|**A**　　|　　　‖
Lord, she break in on a dollar most anywhere she goes.

When You Got a Good Friend

Words and Music by
Robert Johnson

(Capo 2nd fret)

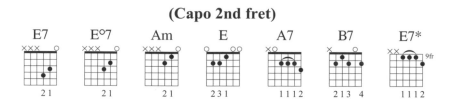

E7   E°7   Am   E   A7   B7   E7*

Intro   ‖E7 E°7 |Am E |E7   E°7 Am|A7 B7

Verse 1

          ‖E |A7
When you got a good friend
            |E |
That will stay right by your side,
       |A7 |
When you got a good friend
       | |E |
That will stay right by your side,
      |B7 |A7
Give her all your spare time,
         |E   E7   E°7 Am |E   B7
Love and treat her right.

Verse 2

          ‖E |A7
I mis - treated my baby,
             |E |
And I can't see no reason why.
   |A7 |
I mistreated my baby,
             |E |
But I can't see no reason why.
      |B7 |A7
Ev'ry time I think about it,
         |E   E7   E°7 Am |E   B7
I just wring my hands and cry.

Verse 3

     ‖**E** |**A7**
Wonder, could I bear apologize,

               |**E** |
Or would she sympathize with me?

   |**A7** |**E** |
Mmm, _____ would she sympathize with me?

     |**B7** |**A7**
She's a brown-skin woman,

             |**E** **E7** **E°7** **Am** |**E** **B7**
Just as sweet as a girlfriend can be.

Verse 4

     ‖**E** |**A7** |**E** |
Mmm, ____   babe, I may be right ay wrong.

       |**A7** |
Baby, it's your opinion,

           |**E** |
Oh, I may be right ay wrong.

      |**B7**
Watch your close friend, baby,

   |**A7** |**E** **E7** **E°7** **Am** |**E** **B7**
Then your enemies can't do you no harm.

Verse 5

     ‖**E** |**A7**
When you got a good friend

            |**E** |
That will stay right by your side,

     |**A7** |
When you got a good friend

            |**E** |
That will stay right by your side,

     |**B7** |**A7**
Give her all of your spare time,

           |**E** **E7** **E°7**| **Am** **E** | **E7*** ‖
Love and treat her right.

32-20 Blues

Words and Music by
Robert Johnson

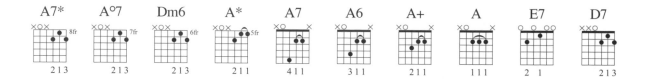

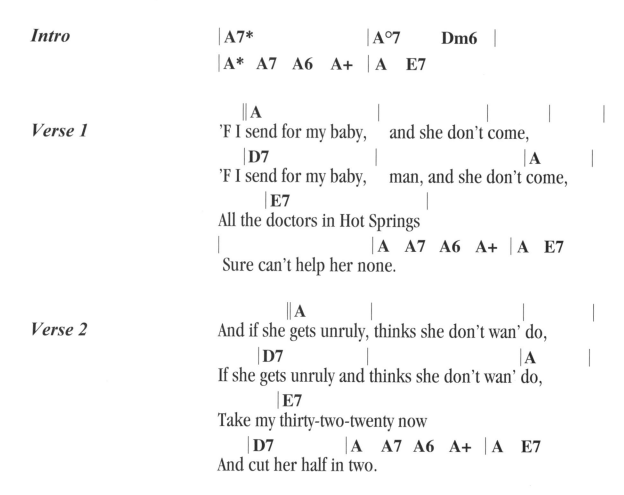

Intro

|A7* |A°7   Dm6 |
|A* A7 A6 A+ |A   E7

Verse 1

‖A | | | |
'F I send for my baby,   and she don't come,
   |D7 | |A |
'F I send for my baby,   man, and she don't come,
          |E7 |
All the doctors in Hot Springs
| |A A7 A6 A+ |A E7
 Sure can't help her none.

Verse 2

        ‖A | | |
And if she gets unruly, thinks she don't wan' do,
   |D7 | |A |
If she gets unruly and thinks she don't wan' do,
          |E7 |
Take my thirty-two-twenty now
   |D7 |A A7 A6 A+ |A E7
And cut her half in two.

Verse 3

```
      ‖A                    |                      |            |
She got a thirty-eight special but I b'lieve it's most too light.
        |D7                 |                |A        |         |
She got a thirty-eight special but I b'lieve it's most too light.
      |E7
I got a thirty-two-twenty,
        |D7                 |A   A7   A6   A+  |A   E7
Got to make the camps alright.
```

Verse 4

```
      ‖A                    |                      |            |
If I send for my baby, man, and she don't come,
|   |D7              |                |A            |
If I send for my baby, man, and she don't come,
        |E7                |
All the doctors in Hot Springs
D7                         |A   A7   A6   A+  |A   E7
Sure can't help her none.
```

Verse 5

```
      ‖A                    |                      |            |
I'm gonna shoot my pistol, gonna shoot my Gatling gun.
        |D7                 |                |A            |
I'm gonna shoot my pistol, gotta shoot my Gatling gun.
        |E7                 |
You made me love you,
D7                         |A   A7   A6   A+  |A   E7   ‖
Now your man have come.
```

Verse 6

```
A       |                    |            |            |
Ah, oh, baby, where you stay last night?
D7              |                |A            |
Ah, ah, baby, where you stay last night?
              |E7
You got the hair all tangled
        |D7               |A   A7   A6   A+  |A   E7
And you ain't talkin' right.
```

Verse 7

```
      ‖A                    |                |              |
Got a thirty-eight special, boys, it do very well.
    |D7                         |             |A            |
A thirty-eight special, boys, it do very well.
        |E7
I got a thirty-two-twenty, now
      |D7              |A   A7   A6   A+ |A   E7
And it's a burnin'…
```

Verse 8

```
          ‖A              |                |          |
If I send for my baby, man, and she don't come,
        |D7              |              |A           |
If I send for my baby, man, and she don't come,
         |E7
All the doctors in Wisconsin
D7                        |A   A7   A6   A+ |A   E7
Sure can't help her none.
```

Verse 9

```
            ‖A       |                 |          |
Hey, ___ hey, baby, where you stay last night?
D7          |                   |A           |
Hey, hey, babe, where you stayed last night?
         |E7
You didn't come home
           |D7                |A   A7   A6   A+ |A   E7
Until the sun was shinin' bright.
```

Verse 10

```
‖A7*      |A°7                   |A7*        |
 Ah, boys, I just can't take my rest.
D7          |                |A          |
Ah, boys, I just can't take my rest
            |E7
With this thirty-two-twenty
       |D7                |A   A7 A6   A+      |E7      A7    ‖
Layin' up and down my breast.
```

STRUM & SING

Lyrics, chord symbols,
and guitar chord diagrams
for your favorite songs.

GUITAR

ACOUSTIC CLASSICS 00191891	$12.99
ADELE 00159855	$12.99
SARA BAREILLES 00102354	$12.99
THE BEATLES 00172234	$16.99
BLUES 00159335	$12.99
ZAC BROWN BAND 02501620	$12.99
COLBIE CAILLAT 02501725	$14.99
CAMPFIRE FOLK SONGS 02500686	$12.99
CHART HITS OF 2014-2015 00142554	$12.99
CHART HITS OF 2015-2016 00156248	$12.99
BEST OF KENNY CHESNEY 00142457	$14.99
CHRISTMAS SONGS 00171332	$14.99
KELLY CLARKSON 00146384	$14.99
JOHN DENVER COLLECTION 02500632	$9.95
EAGLES 00157994	$12.99
EASY ACOUSTIC SONGS 00125478	$14.99
50 CHILDREN'S SONGS 02500825	$9.99
THE 5 CHORD SONGBOOK 02501718	$12.99
FOLK SONGS 02501482	$10.99
FOLK/ROCK FAVORITES 02501669	$10.99
THE 4 CHORD SONGBOOK 02501533	$12.99
THE 4-CHORD COUNTRY SONGBOOK 00114936	$14.99
THE GREATEST SHOWMAN 00278383	$14.99
HAMILTON 00217116	$14.99
HITS OF THE '70S 02500871	$9.99
HYMNS 02501125	$8.99
JACK JOHNSON 02500858	$16.99
ROBERT JOHNSON 00191890	$12.99
CAROLE KING 00115243	$10.99
BEST OF GORDON LIGHTFOOT 00139393	$14.99
DAVE MATTHEWS BAND 02501078	$10.95
JOHN MAYER 02501636	$10.99
INGRID MICHAELSON 02501634	$10.99
THE MOST REQUESTED SONGS 02501748	$12.99
JASON MRAZ 02501452	$14.99
PRAISE & WORSHIP 00152381	$12.99
ELVIS PRESLEY 00198890	$12.99
QUEEN 00218578	$12.99
ROCK AROUND THE CLOCK 00103625	$12.99
ROCK BALLADS 02500872	$9.95
ED SHEERAN 00152016	$14.99
THE 6 CHORD SONGBOOK 02502277	$10.99
CAT STEVENS 00116827	$14.99
TAYLOR SWIFT 00159856	$12.99
THE 3 CHORD SONGBOOK 00211634	$9.99
TODAY'S HITS 00119301	$12.99
TOP CHRISTIAN HITS 00156331	$12.99
TOP HITS OF 2016 00194288	$12.99
KEITH URBAN 00118558	$14.99
THE WHO 00103667	$12.99
NEIL YOUNG – GREATEST HITS 00138270	$14.99

UKULELE

THE BEATLES 00233899	$16.99
COLBIE CAILLAT 02501731	$10.99
JOHN DENVER 02501694	$10.99
FOLK ROCK FAVORITES FOR UKULELE 00114600	$9.99
THE 4-CHORD UKULELE SONGBOOK 00114331	$14.99
JACK JOHNSON 02501702	$17.99
JOHN MAYER 02501706	$10.99
INGRID MICHAELSON 02501741	$12.99
THE MOST REQUESTED SONGS 02501453	$14.99
JASON MRAZ 02501753	$14.99
SING-ALONG SONGS 02501710	$15.99

HAL•LEONARD®

www.halleonard.com
Visit our website to see full song lists.

Prices, content, and availability
subject to change without notice.

Guitar Chord Songbooks

Each 6" x 9" book includes complete lyrics, chord symbols, and guitar chord diagrams.

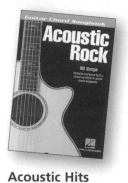
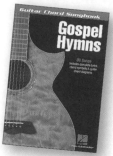

Acoustic Hits
00701787 . . . . $14.99

Acoustic Rock
00699540 . . . . $19.99

Alabama
00699914 . . . . $14.95

The Beach Boys
00699566 . . . . $15.99

The Beatles (A-I)
00699558 . . . . $17.99

The Beatles (J-Y)
00699562 . . . . $17.99

Bluegrass
00702585 . . . . $14.99

Johnny Cash
00699648 . . . . $17.99

Children's Songs
00699539 . . . . $16.99

Christmas Carols
00699536 . . . . $12.99

Christmas Songs – 2nd Edition
00119911 . . . . $14.99

Eric Clapton
00699567 . . . . $16.99

Classic Rock
00699598 . . . . $16.99

Coffeehouse Hits
00703318 . . . . $14.99

Country
00699534 . . . . $14.99

Country Favorites
00700609 . . . . $14.99

Country Hits
00140859 . . . . $14.99

Country Standards
00700608 . . . . $12.95

Cowboy Songs
00699636 . . . . $14.99

Creedence Clearwater Revival
00701786 . . . . $15.99

Jim Croce
00148087 . . . . $14.99

Crosby, Stills & Nash
00701609 . . . . $12.99

John Denver
02501697 . . . . $16.99

Neil Diamond
00700606 . . . . $17.99

Disney
00701071 . . . . $16.99

The Best of Bob Dylan
14037617 . . . . $17.99

Eagles
00122917 . . . . $16.99

Early Rock
00699916 . . . . $14.99

Folksongs
00699541 . . . . $14.99

Folk Pop Rock
00699651 . . . . $15.99

40 Easy Strumming Songs
00115972 . . . . $14.99

Four Chord Songs
00701611 . . . . $14.99

Glee
00702501 . . . . $14.99

Gospel Hymns
00700463 . . . . $14.99

Grand Ole Opry®
00699885 . . . . $16.95

Grateful Dead
00139461 . . . . $14.99

Green Day
00103074 . . . . $14.99

Guitar Chord Songbook White Pages
00702609 . . . . $29.99

Irish Songs
00701044 . . . . $14.99

Michael Jackson
00137847 . . . . $14.99

Billy Joel
00699632 . . . . $16.99

Elton John
00699732 . . . . $15.99

Ray LaMontagne
00130337 . . . . $12.99

Latin Songs
00700973 . . . . $14.99

Love Songs
00701043 . . . . $14.99

Bob Marley
00701704 . . . . $14.99

Bruno Mars
00125332 . . . . $12.99

Paul McCartney
00385035 . . . . $16.95

Steve Miller
00701146 . . . . $12.99

Modern Worship
00701801 . . . . $16.99

Motown
00699734 . . . . $17.99

Willie Nelson
00148273 . . . . $14.99

Nirvana
00699762 . . . . $16.99

Roy Orbison
00699752 . . . . $16.99

Peter, Paul & Mary
00103013 . . . . $14.99

Tom Petty
00699883 . . . . $15.99

Pink Floyd
00139116 . . . . $14.99

Pop/Rock
00699538 . . . . $16.99

Praise & Worship
00699634 . . . . $14.99

Elvis Presley
00699633 . . . . $15.99

Queen
00702395 . . . . $12.99

Red Hot Chili Peppers
00699710 . . . . $17.99

The Rolling Stones
00137716 . . . . $17.99

Bob Seger
00701147 . . . . $12.99

Carly Simon
00121011 . . . . $14.99

Sting
00699921 . . . . $15.99

Taylor Swift
00263755 . . . . $16.99

Three Chord Acoustic Songs
00123860 . . . . $14.99

Three Chord Songs
00699720 . . . . $14.99

Two-Chord Songs
00119236 . . . . $14.99

U2
00137744 . . . . $14.99

Hank Williams
00700607 . . . . $14.99

Stevie Wonder
00120862 . . . . $14.99

Neil Young–Decade
00700464 . . . . $14.99

Prices, contents, and availability subject to change without notice.

Visit Hal Leonard online at **www.halleonard.com**

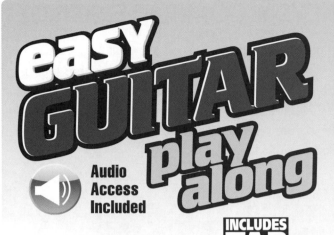

easy GUITAR play along

Audio Access Included

INCLUDES TAB

The ***Easy Guitar Play Along*** ® series features streamlined transcriptions of your favorite songs. Just follow the tab, listen to the audio to hear how the guitar should sound, and then play along using the backing tracks. Playback tools are provided for slowing down the tempo without changing pitch and looping challenging parts. The melody and lyrics are included in the book so that you can sing or simply follow along.

1. ROCK CLASSICS

Jailbreak • Living After Midnight • Mississippi Queen • Rocks Off • Runnin' Down a Dream • Smoke on the Water • Strutter • Up Around the Bend.
00702560 Book/CD Pack....... $14.99

2. ACOUSTIC TOP HITS

About a Girl • I'm Yours • The Lazy Song • The Scientist • 21 Guns • Upside Down • What I Got • Wonderwall.
00702569 Book/CD Pack....... $14.99

3. ROCK HITS

All the Small Things • Best of You • Brain Stew (The Godzilla Remix) • Californication • Island in the Sun • Plush • Smells Like Teen Spirit • Use Somebody.
00702570 Book/CD Pack....... $14.99

4. ROCK 'N' ROLL

Blue Suede Shoes • I Get Around • I'm a Believer • Jailhouse Rock • Oh, Pretty Woman • Peggy Sue • Runaway • Wake Up Little Susie.
00702572 Book/CD Pack....... $14.99

6. CHRISTMAS SONGS

Have Yourself a Merry Little Christmas • A Holly Jolly Christmas • The Little Drummer Boy • Run Rudolph Run • Santa Claus Is Comin' to Town • Silver and Gold • Sleigh Ride • Winter Wonderland.
00101879 Book/CD Pack......... $14.99

7. BLUES SONGS FOR BEGINNERS

Come On (Part 1) • Double Trouble • Gangster of Love • I'm Ready • Let Me Love You Baby • Mary Had a Little Lamb • San-Ho-Zay • T-Bone Shuffle.
00103235 Book/CD Pack........ $14.99

8. ACOUSTIC SONGS FOR BEGINNERS

Barely Breathing • Drive • Everlong • Good Riddance (Time of Your Life) • Hallelujah • Hey There Delilah • Lake of Fire • Photograph.
00103240 Book/CD Pack $15.99

9. ROCK SONGS FOR BEGINNERS

Are You Gonna Be My Girl • Buddy Holly • Everybody Hurts • In Bloom • Otherside • The Rock Show • Santa Monica • When I Come Around.
00103255 Book/CD Pack $14.99

10. GREEN DAY

Basket Case • Boulevard of Broken Dreams • Good Riddance (Time of Your Life) • Holiday • Longview • 21 Guns • Wake Me up When September Ends • When I Come Around.
00122322 Book/CD Pack $14.99

11. NIRVANA

All Apologies • Come As You Are • Heart Shaped Box • Lake of Fire • Lithium • The Man Who Sold the World • Rape Me • Smells Like Teen Spirit.
00122325 Book/ Online Audio $14.99

12. TAYLOR SWIFT

Fifteen • Love Story • Mean • Picture to Burn • Red • We Are Never Ever Getting Back Together • White Horse • You Belong with Me.
00122326 Book/CD Pack $16.99

13. AC/DC

Back in Black • Dirty Deeds Done Dirt Cheap • For Those About to Rock (We Salute You) • Hells Bells • Highway to Hell • Rock and Roll Ain't Noise Pollution • T.N.T. • You Shook Me All Night Long.
14042895 Book/ Online Audio........$16.99

14. JIMI HENDRIX – SMASH HITS

All Along the Watchtower • Can You See Me • Crosstown Traffic • Fire • Foxey Lady • Hey Joe • Manic Depression • Purple Haze • Red House • Remember • Stone Free • The Wind Cries Mary.
00130591 Book/ Online Audio........$24.99

HAL•LEONARD ®
www.halleonard.com

Prices, contents, and availability subject to change without notice.

AUTHENTIC CHORDS • ORIGINAL KEYS • COMPLETE SONGS

The *Strum It* series lets players strum the chords and sing along with their favorite hits. Each song has been selected because it can be played with regular open chords, barre chords, or other moveable chord types. Guitarists can simply play the rhythm, or play and sing along through the entire song. All songs are shown in their original keys complete with chords, strum patterns, melody and lyrics. Wherever possible, the chord voicings from the recorded versions are notated.

THE BEACH BOYS' GREATEST HITS
00699357.. $12.95

THE BEATLES FAVORITES
00699249..$15.99

VERY BEST OF JOHNNY CASH
00699514..$14.99

CELTIC GUITAR SONGBOOK
00699265..$12.99

CHRISTMAS SONGS FOR GUITAR
00699247..$10.95

CHRISTMAS SONGS WITH 3 CHORDS
00699487..$9.99

VERY BEST OF ERIC CLAPTON
00699560..$12.95

JIM CROCE – CLASSIC HITS
00699269..$10.95

DISNEY FAVORITES
00699171..$12.99

MELISSA ETHERIDGE GREATEST HITS
00699518..$12.99

FAVORITE SONGS WITH 3 CHORDS
00699112..$10.99

FAVORITE SONGS WITH 4 CHORDS
00699270..$8.95

FIRESIDE SING-ALONG
00699273..$10.99

FOLK FAVORITES
00699517..$8.95

THE GUITAR STRUMMERS' ROCK SONGBOOK
00701678..$14.99

BEST OF WOODY GUTHRIE
00699496..$12.95

JOHN HIATT COLLECTION
00699398..$16.99

THE VERY BEST OF BOB MARLEY
00699524..$14.99

A MERRY CHRISTMAS SONGBOOK
00699211..$9.95

MORE FAVORITE SONGS WITH 3 CHORDS
00699532..$9.99

THE VERY BEST OF TOM PETTY
00699336..$14.99

ELVIS! GREATEST HITS
00699276..$10.95

BEST OF GEORGE STRAIT
00699235..$16.99

TAYLOR SWIFT FOR ACOUSTIC GUITAR
00109717..$16.99

BEST OF HANK WILLIAMS JR.
00699224..$15.99

HAL•LEONARD®

Prices, contents & availability subject to change without notice.

Visit Hal Leonard online at
www.halleonard.com

0918
134